école - škola	2
voyage - dromaripe	5
transport - transporti	8
ville - diz	10
paysage - pejzaži	14
restaurant - restorani	17
supermarché - supermarket	20
boissons - piiba	22
alimentation - habe	23
ferme - farma	27
maison - kher	31
salon - bešimaski kamara	33
cuisine - kujna	35
salle de bain - banya	38
chambre d'enfant - čhavengi kamara	42
vêtements - šeja	44
bureau - ofiso	49
économie - ekonomia	51
professions - profesie	53
outils - alatia	56
instruments de musique - muzikane instrumentia	57
zoo - zoo	59
sports - sportia	62
activités - aktivitetia	63
famille - familiya	67
corps - trupo	68
hôpital - hospitalo	72
urgence - sigyaripen	76
terre - phuv	77
...heure(s) - saato	79
semaine - kurko	80
année - berš	81
formes - forme	83
couleurs - boje	84
oppositions - mamujipena	85
nombres - gende	88
langues - čhiba	90
qui / quoi / comment - ko / so / sar	91
où - kote	92

AF188818

Impressum
Verlag: BABADADA GmbH, Nedderfeld 112 , 22529 Hamburg
Geschäftsführer / Verlagsleitung: Harald Hof
Druck: Books on Demand GmbH, In de Tarpen 42, 22848 Norderstedt

Imprint
Publisher: BABADADA GmbH, Nedderfeld 112 , 22529 Hamburg, Germany
Managing Director / Publishing direction: Harald Hof
Print: Books on Demand GmbH, In de Tarpen 42, 22848 Norderstedt

école

škola

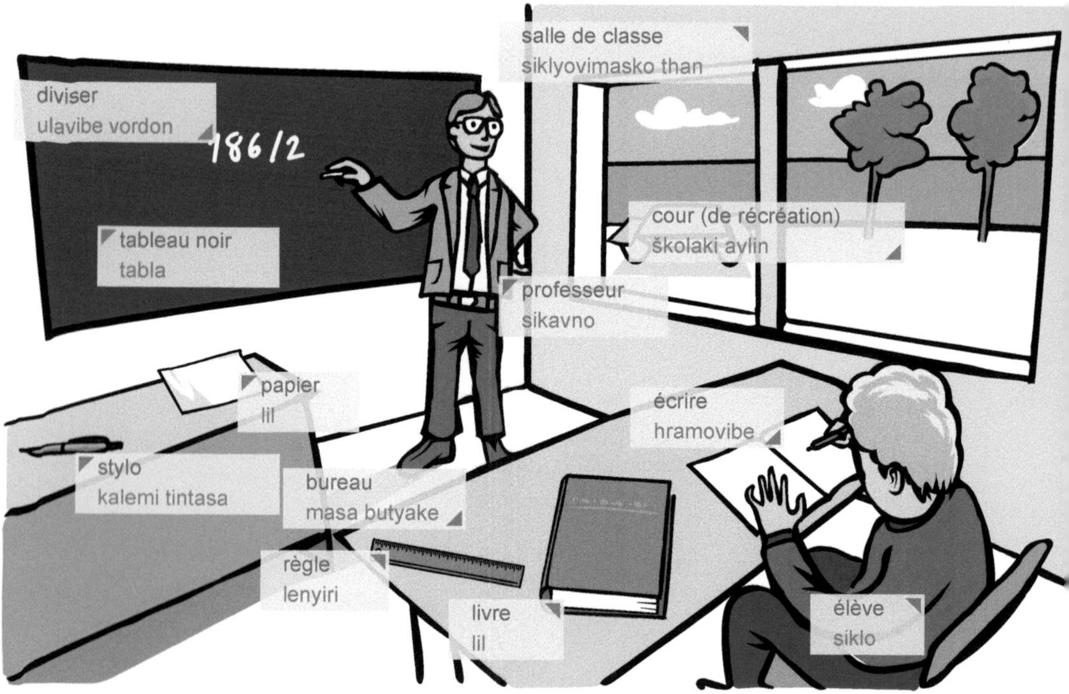

salle de classe
siklyovimasko than

diviser
ulavibe vordon

186/2

tableau noir
tabla

cour (de récréation)
školaki avlin

professeur
sikavno

papier
lil

écrire
hramovibe

stylo
kalemi tintasa

bureau
masa butyake

règle
lenyiri

livre
lil

élève
siklo

cartable
....
dumeski tašna

trousse
....
kalemengi kutia

crayon
....
kalemi

taille-crayon
....
kalemengi čhurori

gomme
....
kosimaski guma

carnet à dessin
....
čitrimasko bloko

dessin
čitribe

pinceau
boyimaski frča

boîte de peinture
boyimaski kutia

ciseaux
kata

colle
lepako

cahier d'exercices
bukjardarimasko lil

devoirs
khereski buti

chiffre
gendo

additionner
džide

soustraire
ikal

multiplier
multiplicirin

calculer
kalkulirin

lettre
hramome lil

alphabet
alfabeta

mot
lafo

texte

teksti

lire

drabaribe

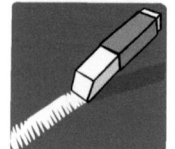

craie

kreda

leçon

lekciya

livre de classe

Klasesko registro

examen

egzameni

certificat

sertifikato

uniforme scolaire

školaki uniforma

formation

edukacia

lexique

enciklopedia

université

univerziteto

microscope

mikroskopo

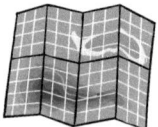

carte

mapa

corbeille à papier

korpa čhudimaske lila

voyage
dromaripe

Grand
hôtel
hoteli
auberge
Lačhi blevel!
ROOMS
bureau de change
biro baši devize
€CHANGE
valise
koferi
voiture
vordon

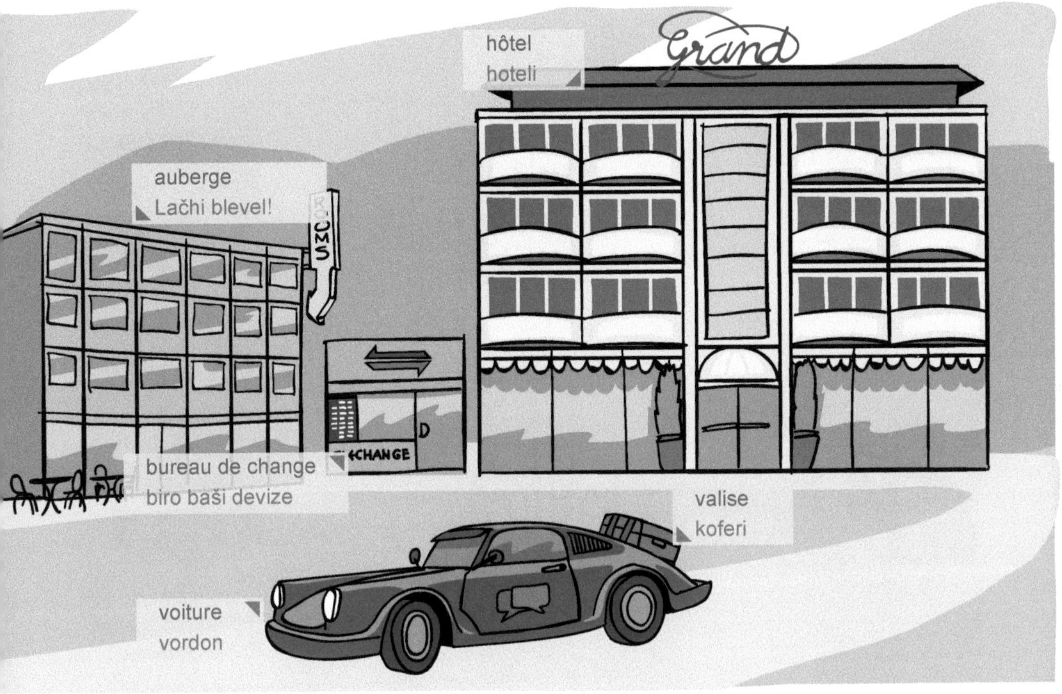

langue
ćhib

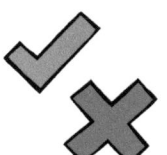

oui / non
va / na

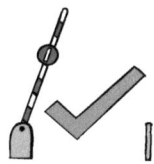

d'accord
Okay

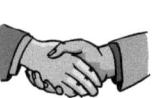

Salut
Namaste

interprète
tumači

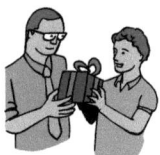

merci
Ov sasto

Combien coûte...?

Kozom si...?

Je ne comprends pas

Na havava

problème

problemo

Bonsoir !

Lači rat!

Bonjour !

Lači javin!

Bonne nuit !

Lači rat!

Au revoir

ačhon Devlesa

direction

dromeski sikavin

bagages

bagaži

sac

gono

sac-à-dos

dumesko gono

hôte

misafiri

pièce

kamara

sac de couchage

sovimasko gono

tente

cerha

office de tourisme

turistikani informacia

plage

plaža

carte de crédit

kreditno kartica

petit-déjeuner

javinako habe

déjeuner

kušluko

dîner

ratyako habe

billet

karta

ascenseur

elevatori

timbre

marka

frontière

simantra

douane

adetia

ambassade

ambasada

visa

viza

passeport

pašaporti

transport

transporti

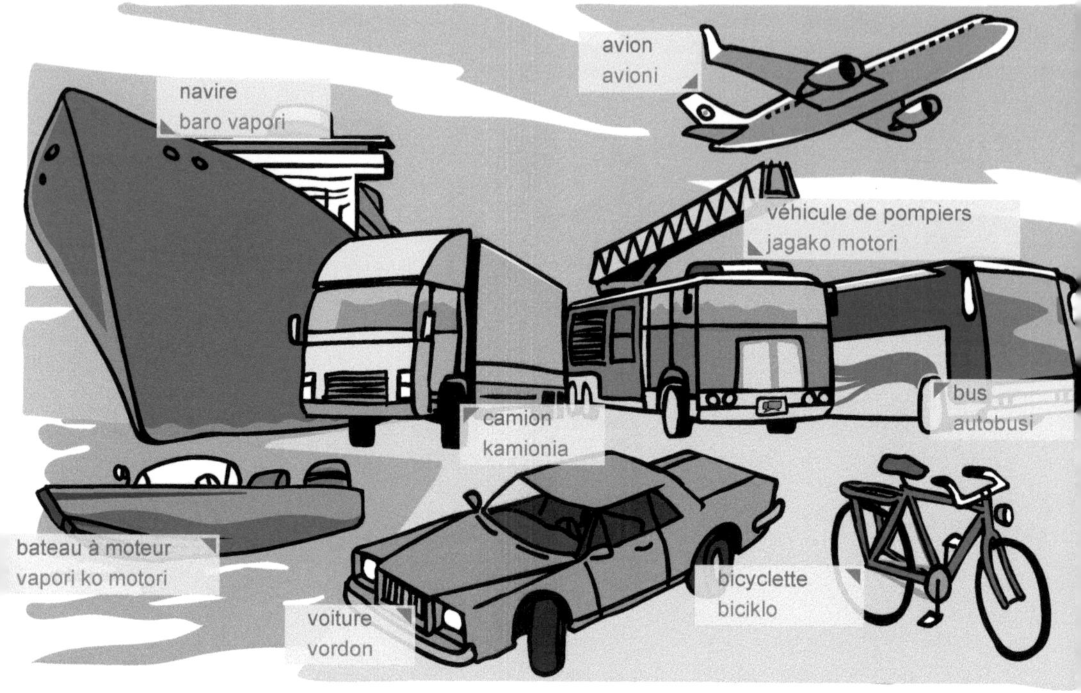
avion
avioni
navire
baro vapori
véhicule de pompiers
jagako motori
bus
autobusi
camion
kamionia
bateau à moteur
vapori ko motori
bicyclette
biciklo
voiture
vordon

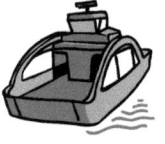

ferry

feri vapori

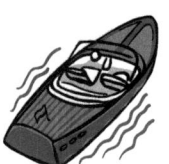

barque

vapori

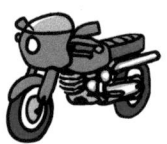

moto

motorciklo

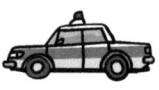

voiture de police

policiako vordon

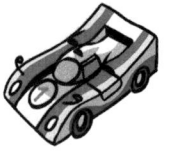

voiture de course

prastamasko vordon

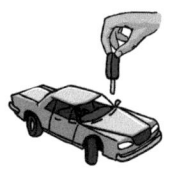

voiture de location

rentakar

auto-partage

ulavibe vordon

voiture de remorquage

rumosardo kamioni

benne à ordures

kamionengo than

moteur

motori

essence

petroli

station d'essence

petrolesko stasioni

panneau indicateur

trafikoskere išaretia

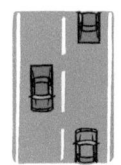

trafic

trafiko

embouteillage

baro trafiko

parking

vordonesko parkirimasko
than

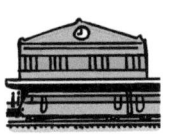

gare

pampurengo stasioni

rails

kamionia

train

pampuri

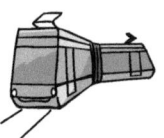

tramway

tramvaj

wagon

vagoni

hélicoptère

helikopteri

aéroport

aeroporti

tour

kula

passager

dromarutno

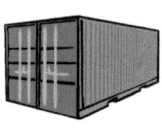

conteneur

kontejneri

carton

kartoni

chariot

vordonoro

corbeille

sevli

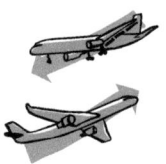

décoller / atterrir

urjalipasko starto /
urjalipasko agor

ville

diz

village

gav

centre-ville

dizyako centro

maison

kher

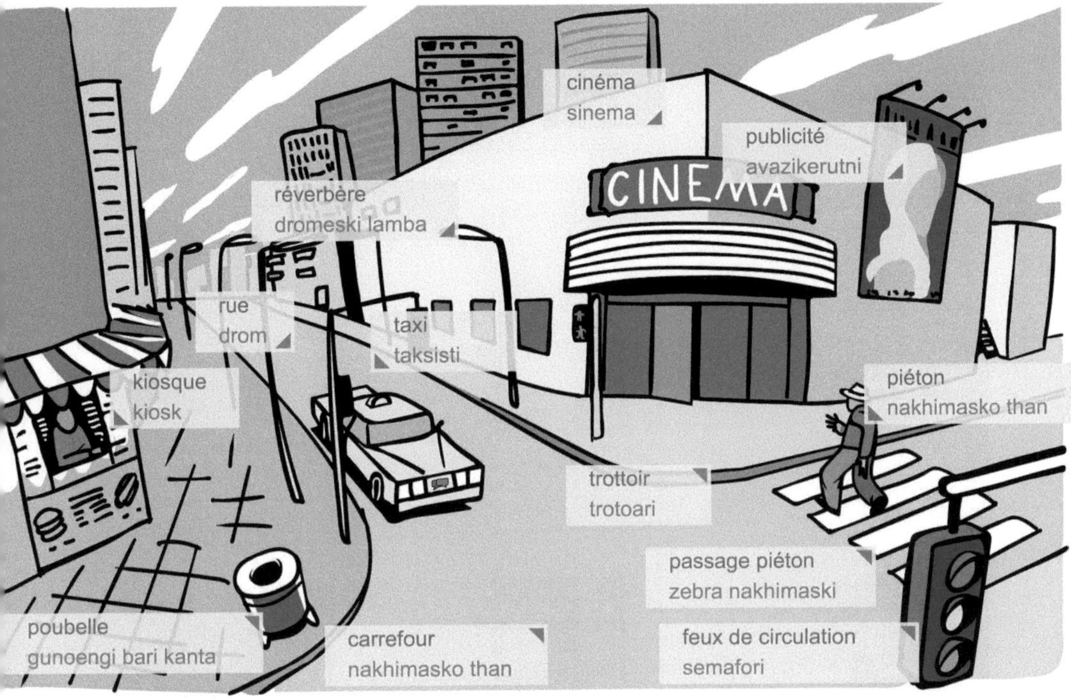

cinéma
sinema

publicité
avazikerutni

réverbère
dromeski lamba

CINEMA

rue
drom

taxi
taksisti

kiosque
kiosk

piéton
nakhimasko than

trottoir
trotoari

passage piéton
zebra nakhimaski

poubelle
gunoengi bari kanta

carrefour
nakhimasko than

feux de circulation
semafori

cabane

koliba

appartement

apartmani

gare

pampurengo stasioni

mairie

dizyaki sala

musée

muzeji

école

škola

université

univerziteto

banque

banka

hôpital

hospitalo

hôtel

hoteli

pharmacie

apoteka

bureau

ofiso

librairie

lil bikinimasko than

magasin

dukyano

fleuriste

lulugengo bikinutno

supermarché

supermarket

marché

kurko

grand magasin

baro bikinimasko kher

poissonnerie

mačhengo astarutno

centre commercial

kinimasko centro

port

vaporengo ačhovimasko
than

parc

parko

banque

klupa

pont

purt

escaliers

merdevenya

métro

metro stasioni

tunnel

tuneli

arrêt de bus

autobuseski adžikerin

bar

bar

restaurant

restorani

boîte à lettres

poštako mohto

panneau indicateur

dromesko išareti

parcmètre

parking than

zoo

zoo

piscine

nangyovimasko bazeni

mosquée

džamiya

ferme
farma

pollution
melalipe

cimetière
limorengo than

église
khangeri

aire de jeux
khelimasko than

temple
hramo

paysage
pejzaži

feuille
patrin

panneau indicateur
išareti

chemin
drom

pré
livazin

pierre
bar

randonneur
phiravno

arbre
kašt

rivière
len

herbe
čar

fleur
luludi

vallée

harno than

montagne

bairi

lac

devrijal

forêt

veš

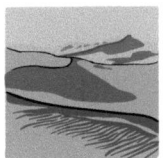

désert

mulano than

volcan

vulkano

château

saraji

arc-en-ciel

renkali badalin

champignon

gaba

palmier

palma kašt

moustique

sivrija

mouche

mak

fourmis

karandža

abeille

birumni

araignée

pauko

coléoptère

buba

grenouille

žamba

écureuil

ververica

hérisson

kanzauri

lièvre

šošoj

chouette

buf

oiseau

pakšin

cygne

lebedi

sanglier

bali

cerf

eleno

élan

eleno

barrage

pani garavin

éolienne

bavlalaki turbina

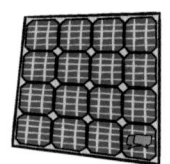

panneau solaire

solarno paneli

climat

klima

restaurant
restorani

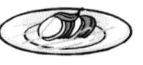

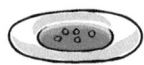

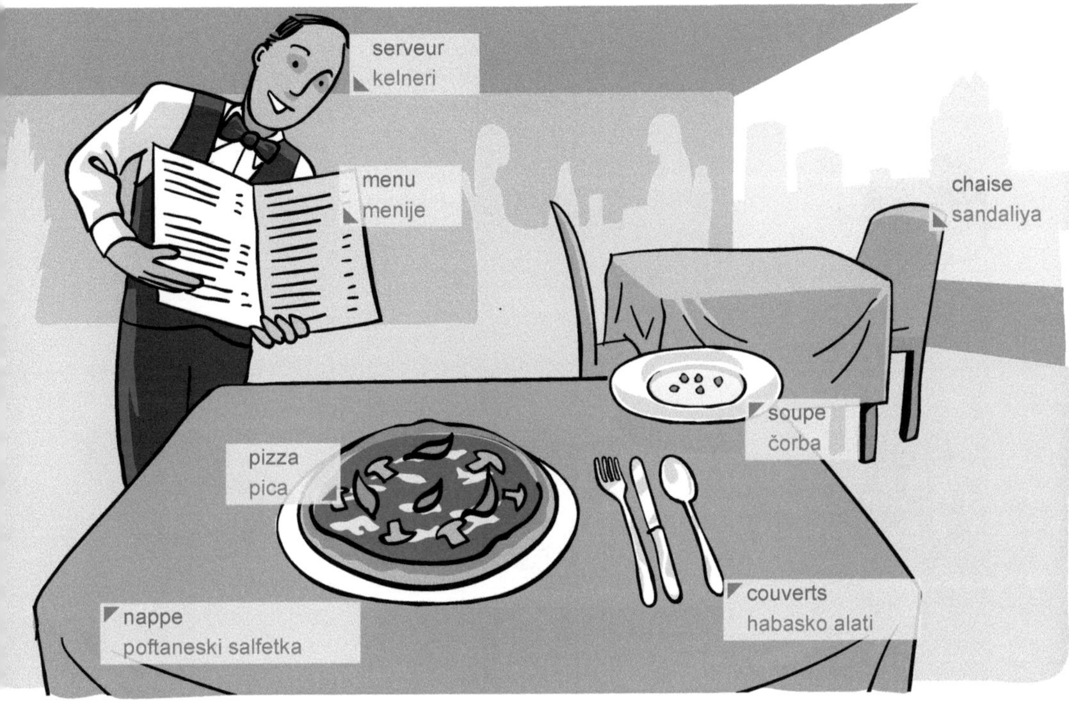
serveur
kelneri
menu
menije
chaise
sandaliya
soupe
čorba
pizza
pica
couverts
habasko alati
nappe
poftaneski salfetka

hors d'œuvre
avgo habe

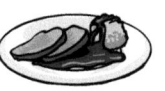

plat principal
šerutno habe

dessert
gudlimata

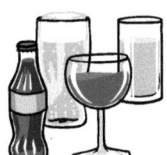

boissons
piiba

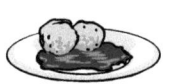

alimentation
habe

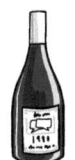

bouteille
šiša

fast-food

fast food

plats à emporter

sokakongo habe

théière

čajniko

sucrier

šekereskoro čaroro

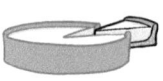

portion

porcia

machine à expresso

makina vaš espresso

chaise haute

uči sandaliya

facture

esapi

plateau

apladiya

couteau

čhuri

fourchette

vilyuška

cuillère

roj

cuillère à thé

čajeski roj

serviette

salfetka

verre

tahtai

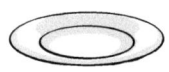

assiette

čaro

assiette à soupe

čaro čorbake

soucoupe

hor čaro

sauce

sosi

salière

londesko čaroro

moulin à poivre

kale biberesko pišlo

vinaigre

šut

huile

zejtini

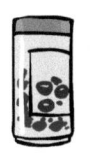

épices

začinia

ketchup

kečap

moutarde

senf

mayonnaise

majonezi

supermarché

supermarket

offre promotionnelle
specialno oferta
FOR
client
mušteriya
produits laitiers
thudeske butya
fruits
emiši
chariot
vordonoro

BUTCHERS

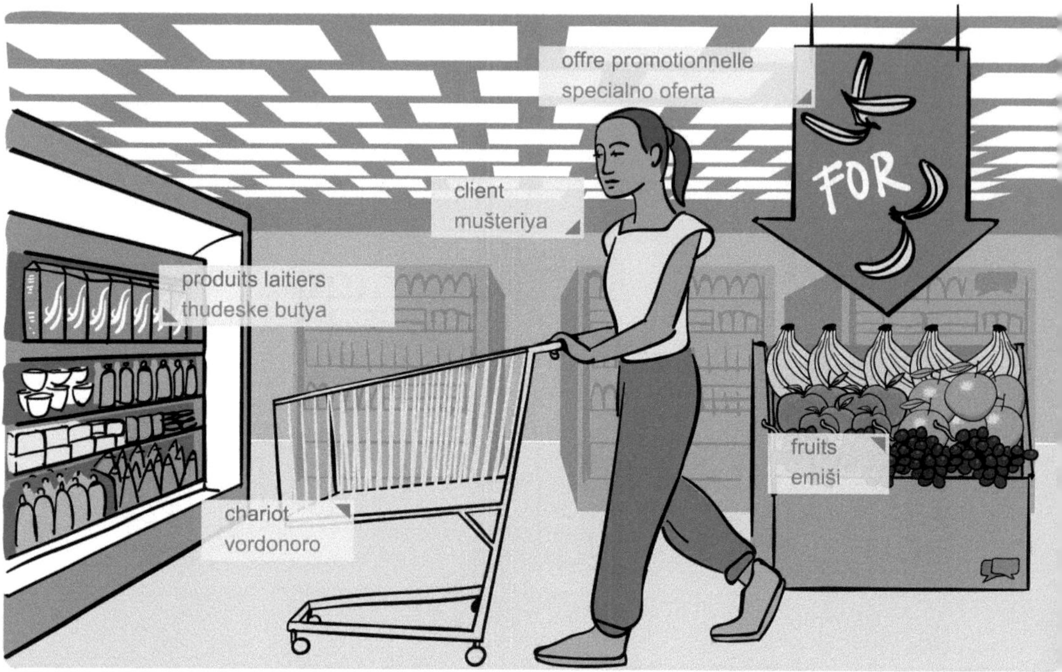

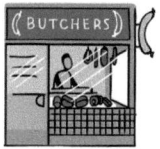

boucherie

kasapi

BAKERY

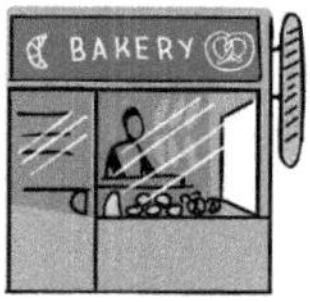

boulangerie

furuna

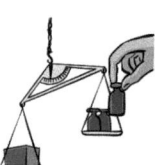

peser

ladavipe

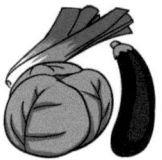

légumes

zarzavati

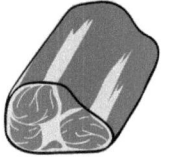

viande

masesko rolati

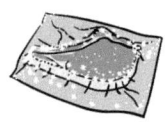

aliments surgelés

pahome habe

charcuterie

šudro mas

conserves

konzerva

poudre à lessive

thovimasko prašako

bonbons

gudlimata

articles ménagers

khereske butya

détergents

užarimaske butya

vendeuse

bikinutno

caisse

kasapi

caissier

kasieri

liste d'achats

kinimaski patrin

heures d'ouverture

putarimaske satura

portefeuille

lovengi tašna

carte de crédit

kreditno kartica

sac

gono

sac en plastique

plastikano gono

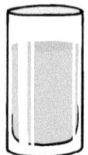

eau

pani

jus de fruit

džus

lait

thud

coca

kola

vin

mol

bière

bira

alcool

alkohol

chocolat chaud

kakao

thé

čaj

café

kafa

expresso

espresso

cappuccino

cappuccino

banane

banana

pomme

phabaj

orange

portokali

melon

kavuni

citron

limoni

carotte

karota

ail

sir

bambou

bambusi

oignon

purum

champignon

gaba

noisettes

akhora

pâtes

humereske butya

spaghetti

špageti

riz

rezo

salade

salata

pommes frites

čipsi

pommes de terre rôties

peke kompiria

pizza

pica

hamburger

hamburger

sandwich

sendviči

escalope

kotleti

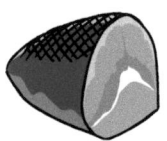

jambon

žamboni

salami

salama

saucisse

goja

poulet

khajnako mas

rôti

peko

poisson

mačho

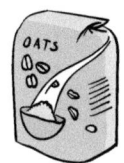

flocons d'avoine
....
popara

muesli
....
musli

cornflakes
....
kornfleks

farine
....
varo

croissant
....
kroasani

petits-pains
....
masesko rolati

pain
....
maro

pain grillé
....
tosti

biscuits
....
biskotia

beurre
....
puteri

le fromage blanc
....
urda

gâteau
....
torta

œuf
....
jaro

œuf au plat
....
peke jare

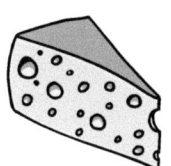

fromage
....
kiral

glace

šudro gudlo

sucre

šekeri

miel

avgin

confiture

džem

crème nougat

čokoladaki krema

curry

kari

ferme
farma

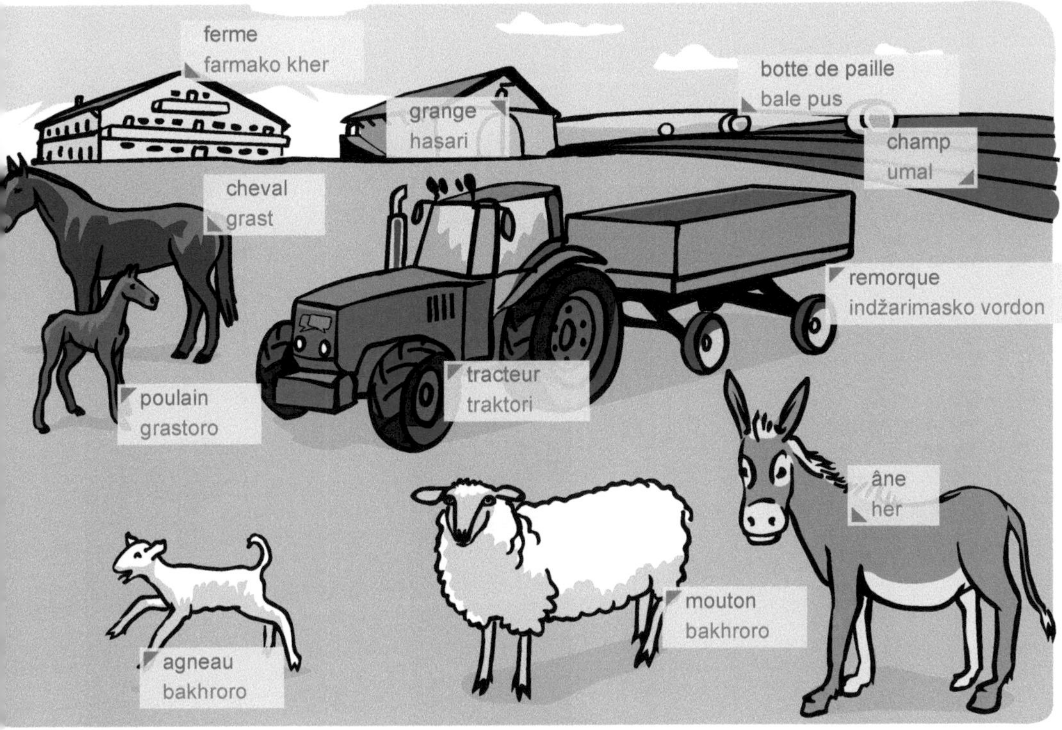
ferme
farmako kher
grange
hasari
botte de paille
bale pus
champ
umal
cheval
grast
remorque
indžarimasko vordon
tracteur
traktori
poulain
grastoro
âne
her
mouton
bakhroro
agneau
bakhroro

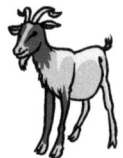

chèvre

buzno

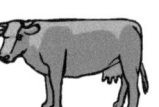

vache

guruvni

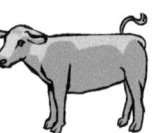

veau

guruvoro

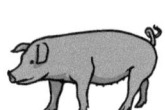

porc

balo

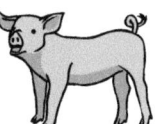

porcelet

baloro

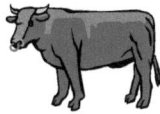

taureau

guruv

oie

papin

canard

payka

poussin

pilička

poule

khayni

coq

bašno

rat

baro germuso

chat

bilika

souris

germuso

bœuf

guruv

chien

džukel

chenil

džukelesko kher

tuyau de jardin

žardina

arrosoir

panyarimaski kanta

faucheuse

aindžako kidimasko alati

charrue

plugo

28

ferme - farma

faucille
srpo

pioche
motika

fourche
aindžaki vilyuška

hache
tover

brouette
vordonoro phiravutno

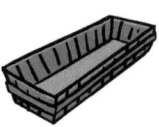

cuve
balani

pot à lait
thudeski šiša

sac
harari

clôture
trujalutni

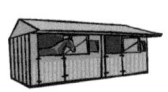

étable
jahri

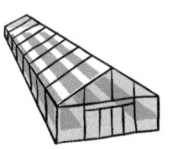

serre
haryalo kher

sol
phuv

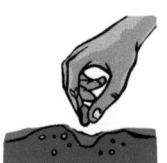

semences
seme

engrais
gyubre

moissonneuse-batteuse
aindžako kidipe

récolter

kidibe aindž

récolte

harmani

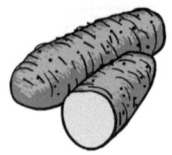

igname

phuvaki phabaj

blé

giv

soja

soja

pomme de terre

kompiri

maïs

mumuruzi

colza

šarlagani

arbre fruitier

emišengo kašt

manioc

Kasava

céréales

giveskere javinlukoja

maison
kher

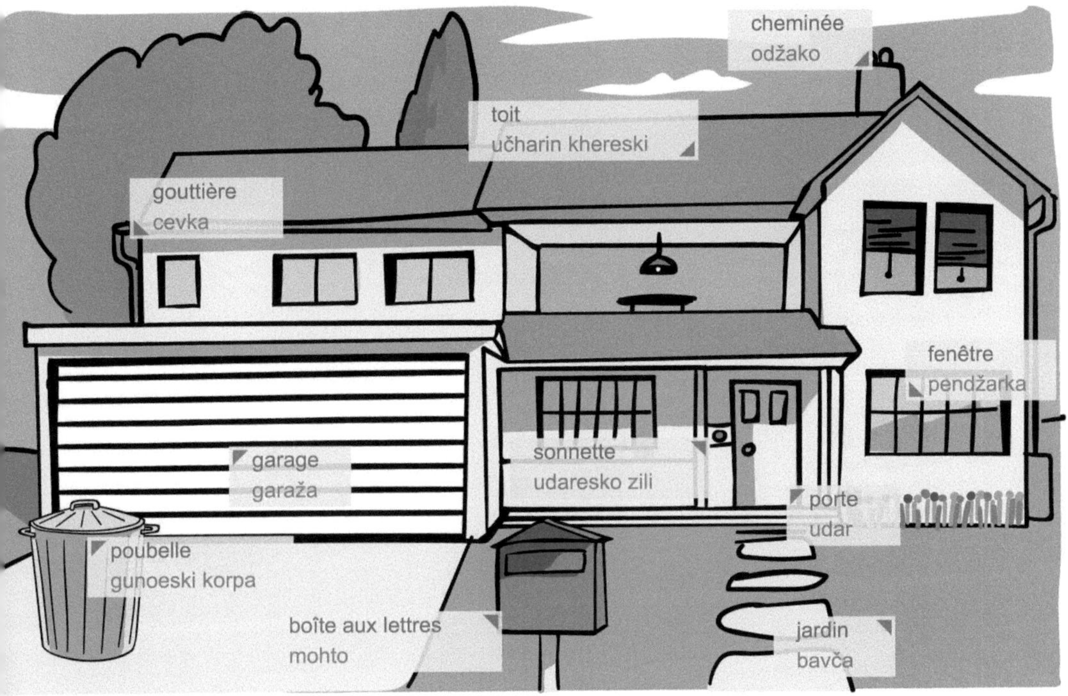
cheminée
odžako
toit
učharin khereski
gouttière
cevka
fenêtre
pendžarka
garage
garaža
sonnette
udaresko zili
porte
udar
poubelle
gunoeski korpa
boîte aux lettres
mohto
jardin
bavča

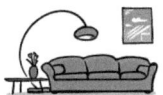

salon

bešimaski kamara

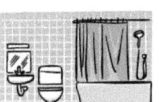

salle de bain

banya

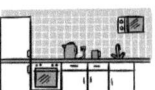

cuisine

kujna

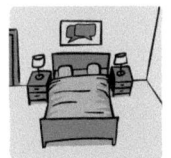

chambre à coucher

sovimasko than

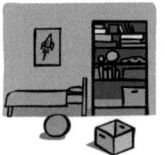

chambre d'enfant

čhavengi kamara

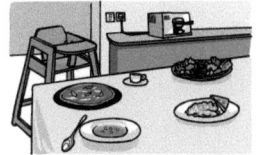

salle à manger

than hajbaske rakjako habe

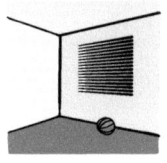

sol

kati

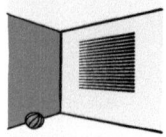

mur

duvari

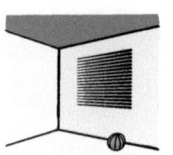

plafond

tavano

cave

špajzi

sauna

sauna

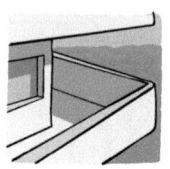

balcon

terasa

terrasse

terasa

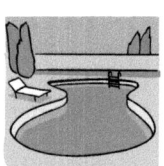

piscine

bazeni

tondeuse à gazon

čar harnyarimaski makina

housse

patrin

couette

čaršafia

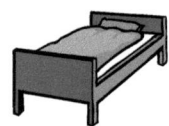

lit

kreveto

balai

šulavni

sceau

korpa

interrupteur

elektrikani phabarin

salon
bešimaski kamara

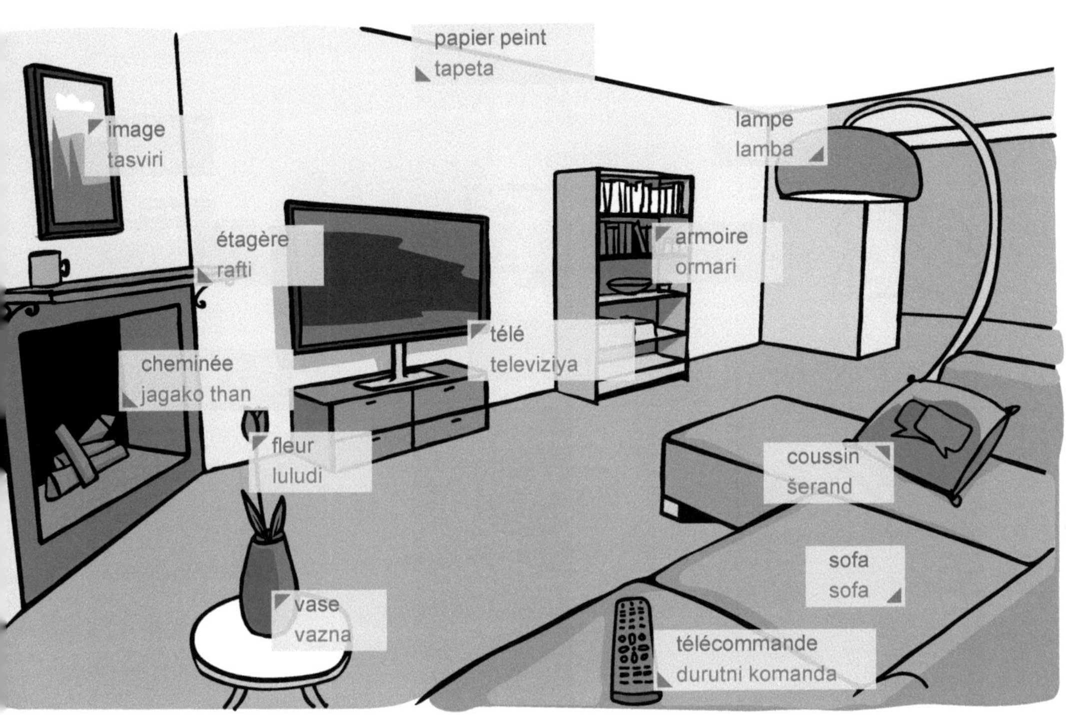

papier peint
tapeta
image
tasviri
lampe
lamba
étagère
rafti
armoire
ormari
télé
televiziya
cheminée
jagako than
fleur
luludi
coussin
šerand
sofa
sofa
vase
vazna
télécommande
durutni komanda

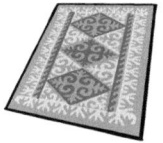

tapis

kilimi

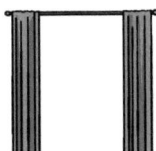

rideau

perde

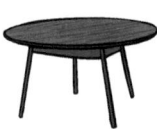

table

masa

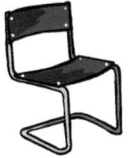

chaise

sandaliya

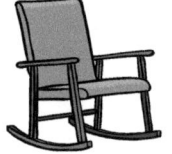

chaise à bascule

kunajka sandaliya

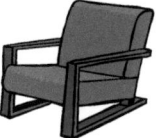

fauteuil

fotelya

livre

lil

couverture

kebe

décoration

dekoraciya

bois de chauffage

kašta phabarimaske

film

filmi

chaîne hi-fi

stereo ašunimaske butya

clé

nahtari

journal

gazeta

peinture

frčaja bojakeribe

poster

posteri

radio

radio

bloc-notes

hramovimasko bloko

aspirateur

elektrikani šulavni

cactus

kaktusi

bougie

momoli

cuisine
kujna

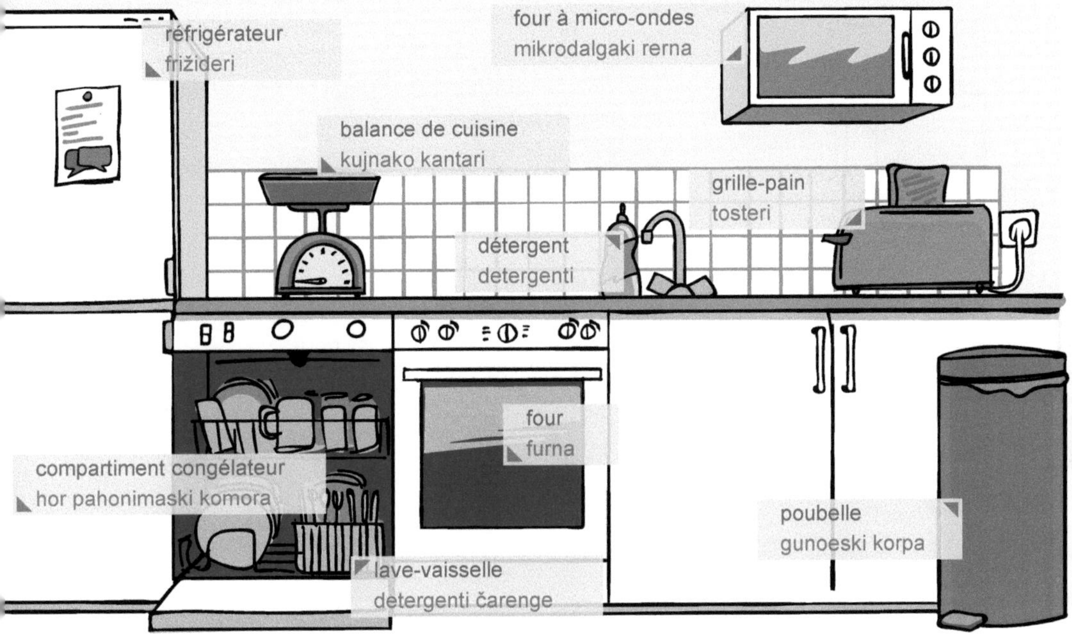

réfrigérateur
frižideri
four à micro-ondes
mikrodalgaki rerna
balance de cuisine
kujnako kantari
grille-pain
tosteri
détergent
detergenti
four
furna
compartiment congélateur
hor pahonimaski komora
poubelle
gunoeski korpa
lave-vaisselle
detergenti čarenge

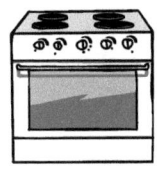

four

keravimasko than

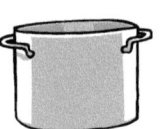

casserole

čaro

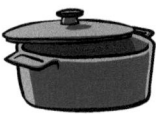

marmite

sastrnali tendžera

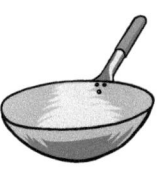

wok / kadai

vok cihani

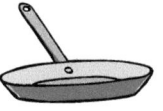

poêle

tava

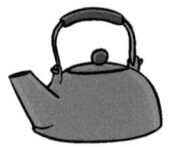

bouilloire electrique

elektrikano bokali

cuiseur vapeur

tendžera ki para

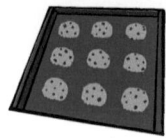

plaque de cuisson

tepsija

vaisselle

čare

gobelet

bareder fildžano

coupe

čaro

baguettes

kinakere habaskere kaštore

louche

fioka

spatule

špatula

fouet

vastesko mikseri

passoire

cedimasko čaro

tamis

porizen

râpe

rende

mortier

avano

barbecue

skara

cheminée

puteribe jag

planche à découper

čhinimaski tabla

rouleau à pâtisserie

oklagia

tire-bouchon

puterimasko alati

boîte

konzerva

ouvre-boîte

konzervako puterutno

maniques

čaresko ikerutno

lavabo

lavabo

brosse

frča

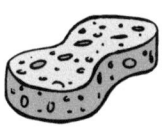

éponge

sungeri

mixeur

mikseri

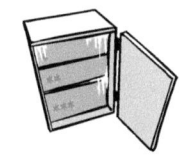

congélateur

hor pahonimasko frižideri

biberon

bebeski šiša

robinet

češma

salle de bain

banya

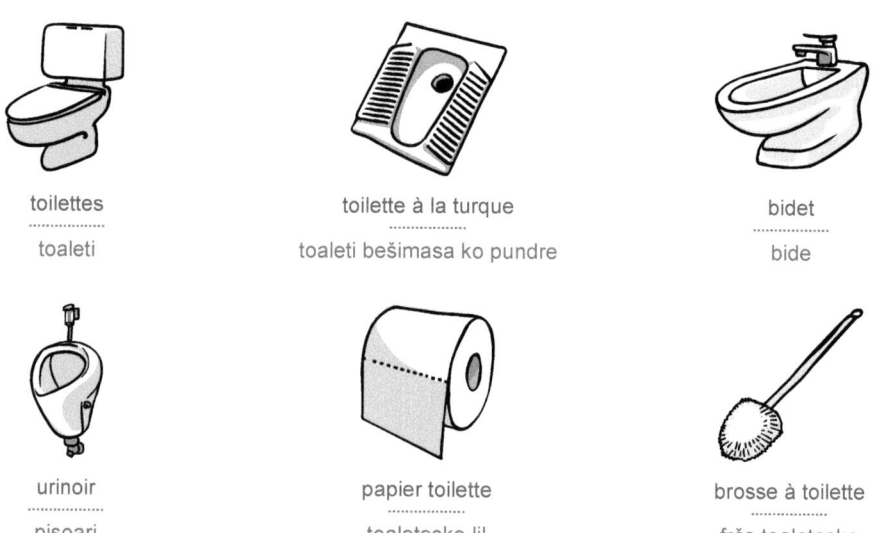

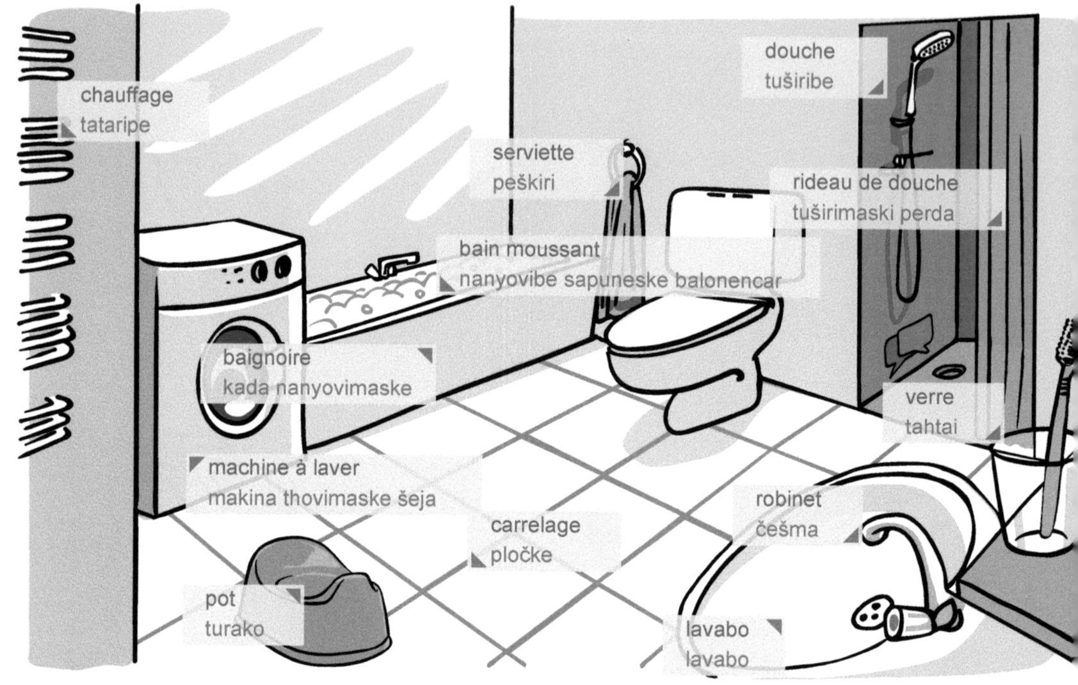

chauffage
tataripe
serviette
peškiri
douche
tuširibe
rideau de douche
tuširimaski perda
bain moussant
nanyovibe sapuneske balonencar
baignoire
kada nanyovimaske
verre
tahtai
machine à laver
makina thovimaske šeja
robinet
česma
carrelage
pločke
pot
turako
lavabo
lavabo

toilettes

toaleti

toilette à la turque

toaleti bešimasa ko pundre

bidet

bide

urinoir

pisoari

papier toilette

toaletesko lil

brosse à toilette

frča toaleteske

brosse à dents

danda thovimaski frča

dentifrice

danda thovimaski krema

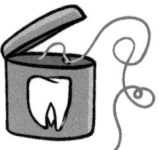

fil dentaire

dandesko thav

laver

thovibe danda

douche manuelle

vasteskoro tuši

douche intime

tuši

vasque

lavabo

brosse dorsale

dumeski frča

savon

sapuni

gel douche

tuširimasko geli

shampooing

šamponi

gant de toilette

flanela

écoulement

kada ćidimaske pani

crème

krema

déodorant

dezodoransi

miroir

ajna

miroir cosmétique

vasteski ajna

rasoir

žileti moravimaske

mousse à raser

moravimaski pena

après-rasage

palal muravimaski krema

peigne

kanglik

brosse

frča

sèche-cheveux

feni balenge

laque pour cheveux

sprej balenge

fond de teint

šminka

rouge à lèvres

karmini

vernis à ongles

oja najenge

ouate

pamuko pošom

coupe-ongles

kata najenge

parfum

parfemi

trousse de toilette

gono thovimaske

tabouret

sandaliya

pèse-personne

tereziya

peignoir

bademantili

gants de nettoyage

gumena kalcunya

tampon

tamponi

serviettes hygiéniques

toaletno lil

toilette chimique

hemikano toaleti

chambre d'enfant

čhavengi kamara

réveil
alarmesko sato
doudou
mangli khelutni
voiture jouet
vordonora khelimaske
hochet
tropalka
maison de poupée
bebedžikongo kher
cadeau
bakšiši

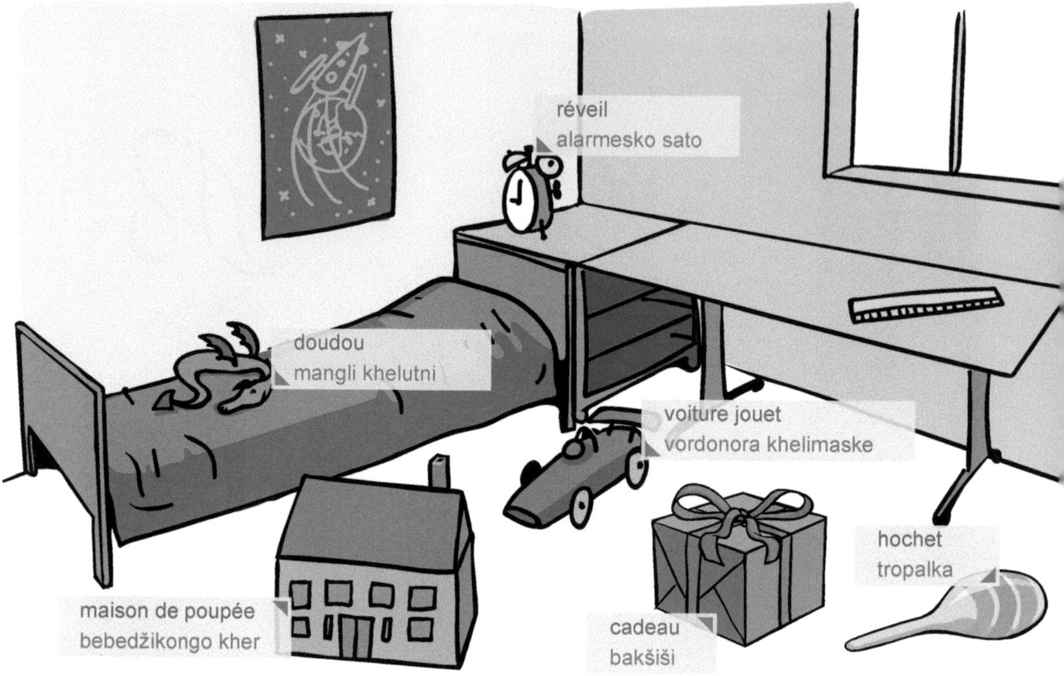

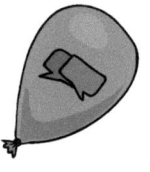

ballon

baloni

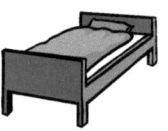

lit

kreveto

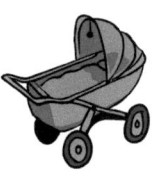

poussette

bebengo vordon

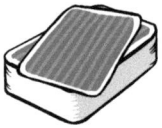

jeu de cartes

špili karte

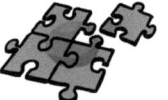

puzzle

ker-rumin khelin

SUPER
MEGA

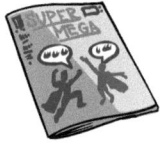

bande dessinée

komikano lil

pièces lego

lego kocke

blocs de construction

kocke khelimaske

figurine

akciaki figura

grenouillère

bodi bebeske

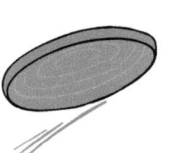

frisbee

frizbi

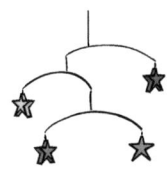

mobile

mobile

jeu de société

masa khelimaske

dé

zari

train miniature

pampuri khelimaske

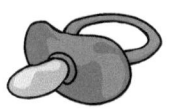

sucette

cucla

fête

bahlana

livre d'images

tasvirengo lil

balle

topka

poupée

bebedžiko

jouer

khelibe

bac à sable

pošikako than

balançoire

kuna

jouets

khelimaske butya

console de jeu

konzola video khelimaske

tricycle

triciklo

ours en peluche

poftaneski ričini

armoire

garderoba

vêtements

šeja

chaussettes

kalcunya

bas

khuvde kalcunya

collant

hulahopke

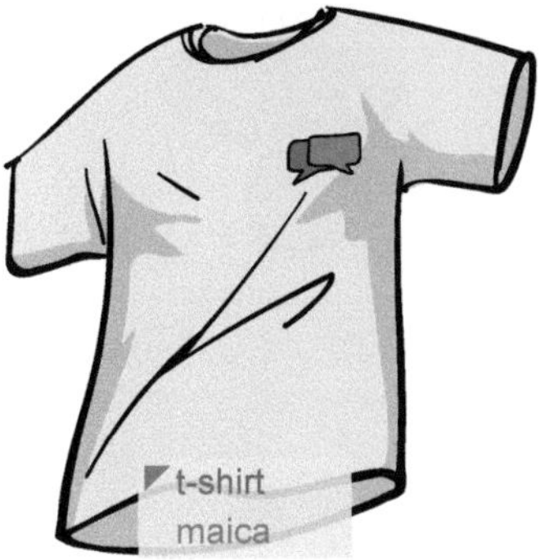

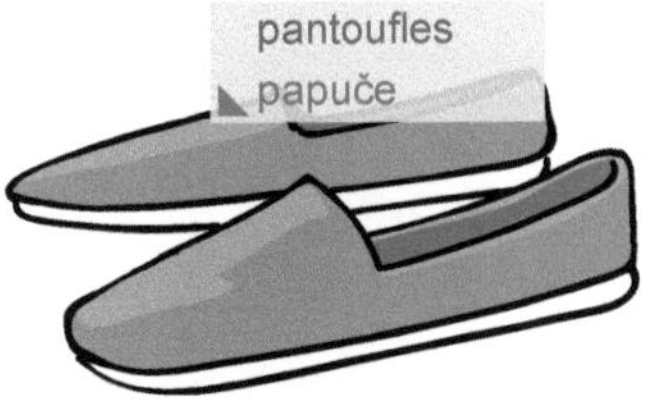

écharpe
momija

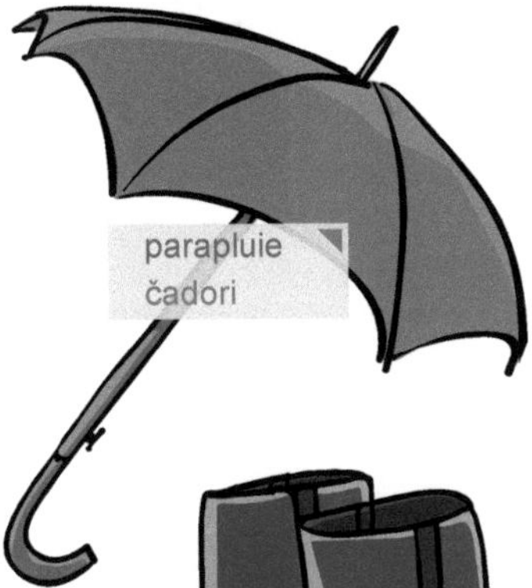

ceinture
kaiši

parapluie
čadori

t-shirt
maica

bottes
čizme

pantoufles
papuče

baskets
trenerke

sandales
sandale

chaussures
menije

bottes de caoutchouc
gumena čizme

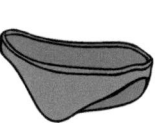

sous-vêtements
sostenya

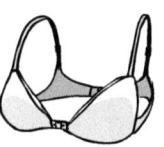

soutien-gorge
eleko

maillot de corps
jeleko

body

bodi

pantalon

pantalonya

jean

farmerke

jupe

suknya

chemisier

bluza

chemise

gat

pull

puloveri

sweat à capuche

dukseri

veste

harno kaputi

veste

džeketi

manteau

kaputi

imperméable

biršimdesko mantili

costume

kostimi

robe

fustano

robe de mariée

prandinako fustano

costume

kostumi

chemise de nuit

rakjako fustano

pyjama

pižame

sari

sari

foulard

momija šereske

turban

turbani

burqa

burka

caftan

kaftani

abaya

abaya

maillot de bain

nangyovimaske šeja

maillot de bain

buxle pantolonya

short

harne pantolonya

tenue d'entraînement

sporteske trenerke

tablier

kecelya

gants

vasteske kalcunya

bouton

kopča

lunettes

gjuzlukya

bracelet

belegziya

collier

mirikle

bague

angrustik

boucle d'oreille

čeni

bonnet

stadik

cintre

kaputeski čiviya

chapeau

stadik

cravate

kravata

fermeture éclair

patenti

casque

kaciga

bretelles

dandenge proteze

uniforme scolaire

školaki uniforma

uniforme

uniforma

bavoir

ligarka

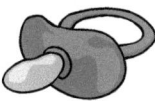

sucette

cucla

lange

pherno

bureau
ofiso

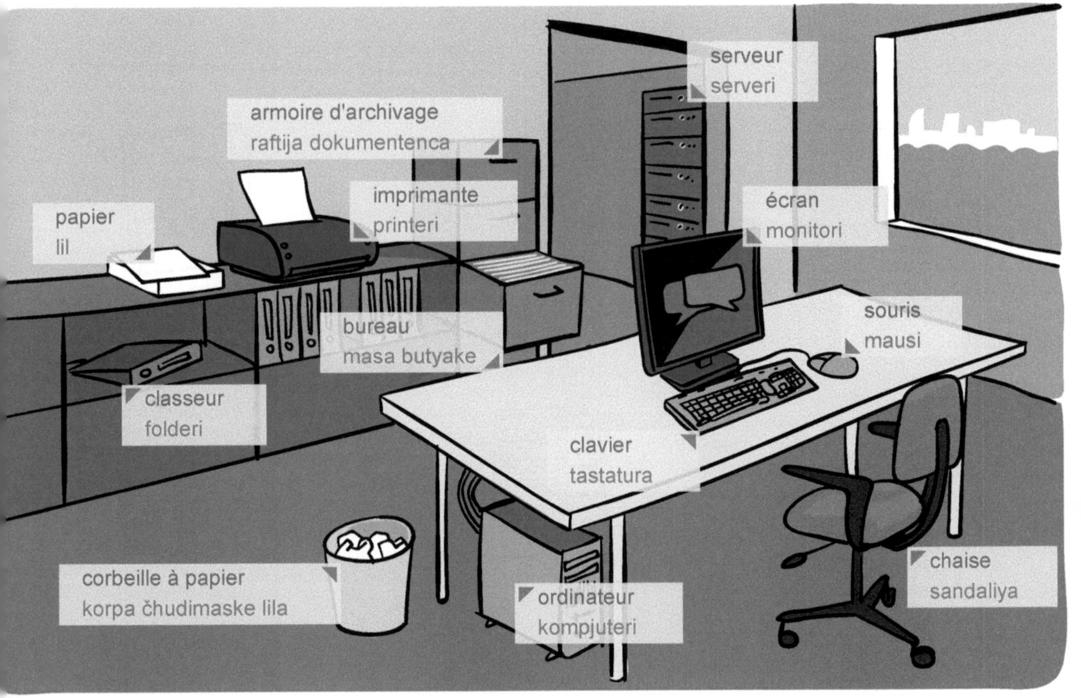

serveur
serveri

armoire d'archivage
raftija dokumentenca

imprimante
printeri

papier
lil

écran
monitori

souris
mausi

bureau
masa butyake

classeur
folderi

clavier
tastatura

corbeille à papier
korpa čhudimaske lila

chaise
sandaliya

ordinateur
kompjuteri

tasse de café

fildžano kafake

calculatrice

kalkulatori

internet

internet

ordinateur portable

laptop

lettre

lil

message

mesaži

portable

mobilno telefono

réseau

netvorko

photocopieuse

kopirimaski makina

logiciel

softveri

téléphone

telefono

prise

štekeri

fax

faks makina

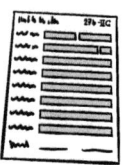

formulaire

formulari

document

dokumento

acheter

kinibe

payer

pokinibe

faire du commerce

kino-bikinibe

monnaie

love

dollar

dolari

euro

euro

yen

jeni

rouble

rublya

franc suisse

švajcariako franko

renminbi yuan

renminbi juan

roupie

rupija

distributeur automatique

lovengo automati

bureau de change

biro baši devize

or

somnakaj

argent

rup

pétrole

petroli

énergie

energia

prix

fiyati

contrat

kontrakto

taxe

taksa

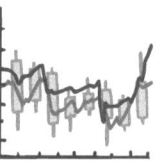

action

berzaki akcija

travailler

butikeribe

employé

butyarno

employeur

butyako dendutno

usine

fabrika

magasin

dukyano

économie - ekonomia

agent de police
Policiako oficero

pompier
jagako aćhavutno

cuisinier
habekerutno

médecin
doktoro

pilote
piloti

jardinier

bavčako butyarno

menuisier

tišleri

couturière

šnajderka

juge

krisuno

chimiste

hemičari

acteur

akteri

conducteur de bus

autobusesko šoferi

chauffeur de taxi

taksisti

pêcheur

mačhengo astarutno

femme de ménage

užarutni

couvreur

učharinengo kerutno

serveur

kelneri

chasseur

avdžija

peintre

tasvirkerutno

boulanger

furnadžia

électricien

elektrikako phirno

ouvrier

tamirutno

ingénieur

inžinjeri

boucher

kasapi

plombier

panjesko butyarno

facteur

poštari

professions - profesie

soldat

askeri

architecte

arhitekto

caissier

kasieri

fleuriste

luludyari

coiffeur

frizeri

contrôleur

kondukteri

mécanicien

mekanisti

capitaine

kapetani

dentiste

dandengo saslyarno

scientifique

vigjanalo manuš

rabbin

rabini

imam

imami

moine

rašaj

prêtre

rašaj

outils
alatia

marteau
čekiči
pinces
silavja
tournevis
šrafcigeri
clé
mekanikane nahtaria
torche
fakeli

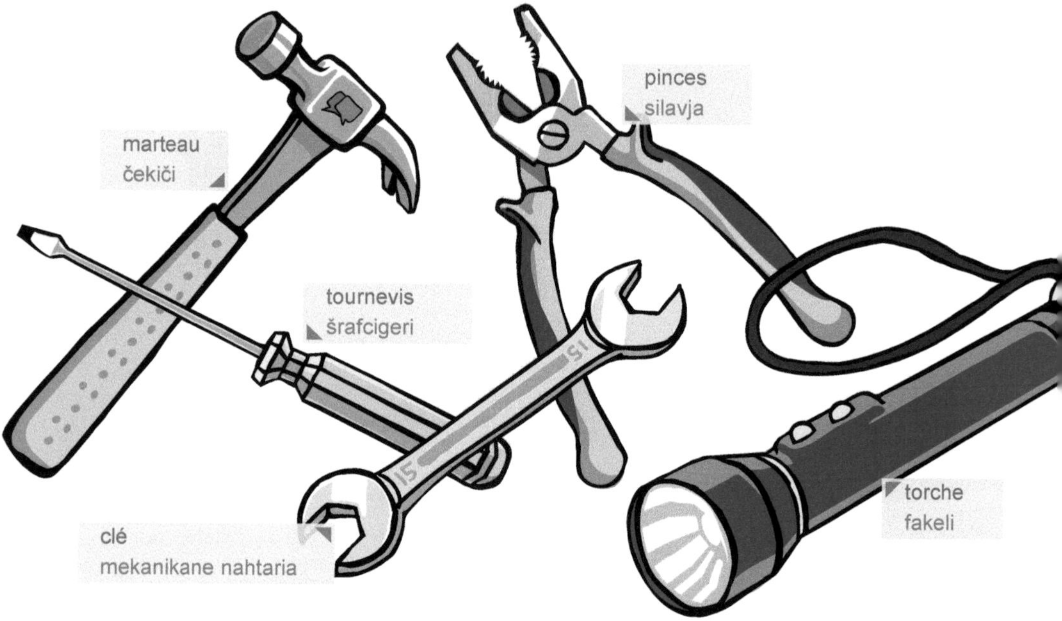

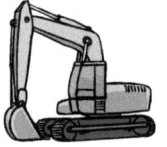

pelleteuse

hrandimasko alati

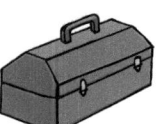

boîte à outils

alateski kutia

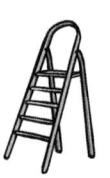

échelle

merdeveni

scie

pila

clous

karfa

perceuse

posavin

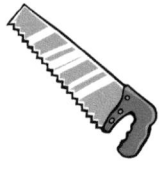

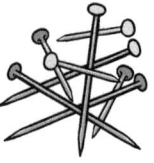

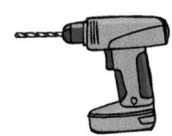

réparer
....
lačharkeribe

pelle
....
lopata

Mince !
....
Naleti!

pelle
....
vatrali

pot de peinture
....
lonco bojimaske

vis
....
šrafja

instruments de musique
muzikane instrumentia

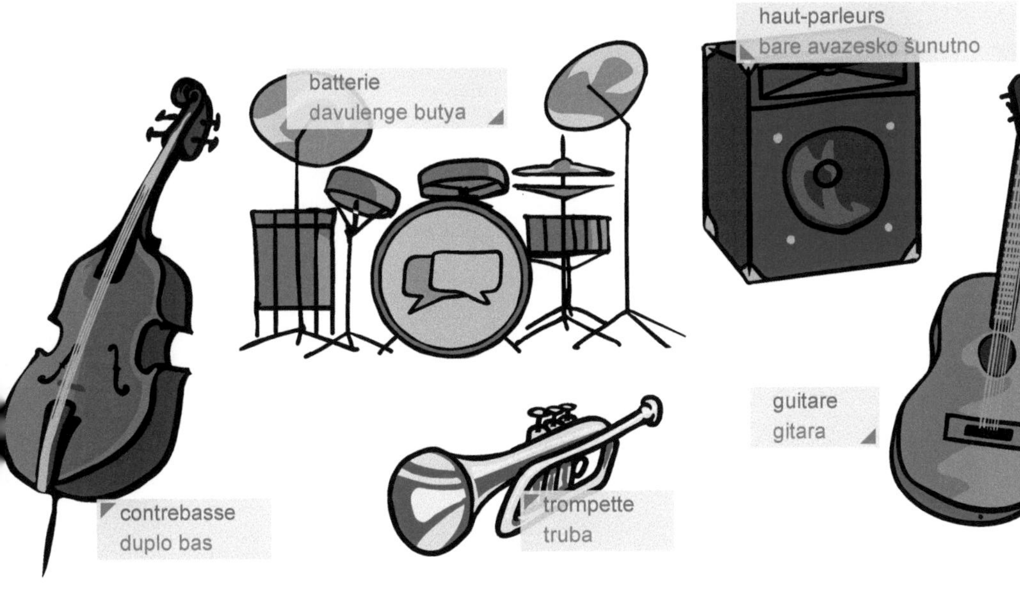

batterie
davulenge butya

haut-parleurs
bare avazesko šunutno

guitare
gitara

contrebasse
duplo bas

trompette
truba

piano

piano

violon

kemana

basse

bas

timbales

timpani

tambour

davulia

piano électrique

sintisajzeri

saxophone

saksafoni

flûte

flejta

microphone

mikrofoni

instruments de musique - muzikane instrumentia

ZOO

ZOO

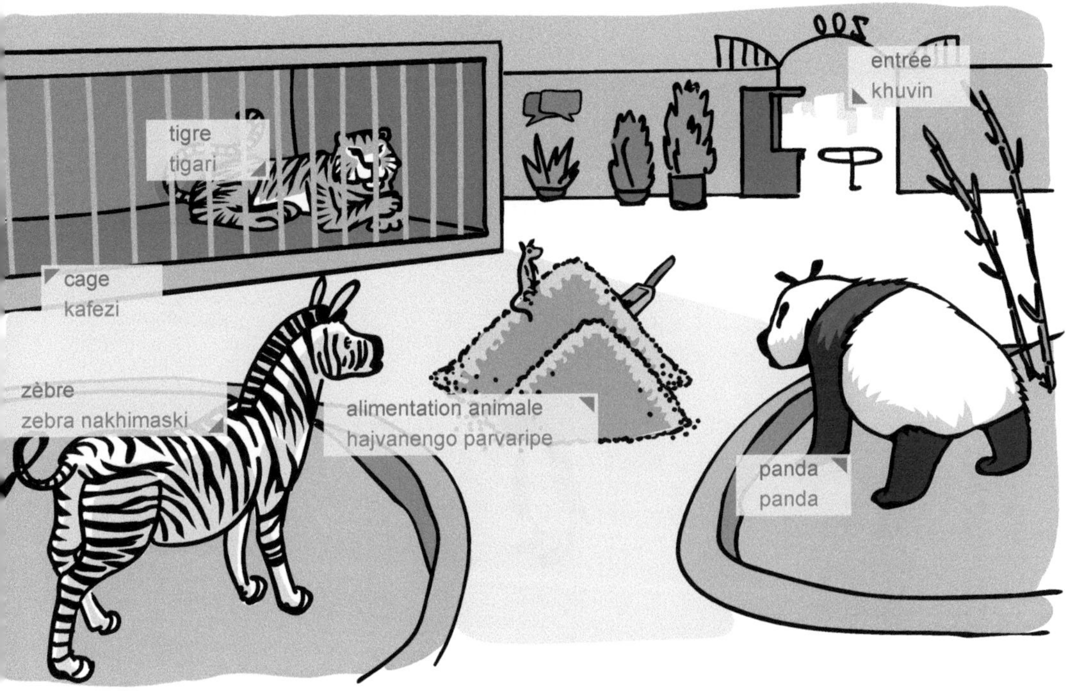

ZOO
entrée
khuvin
tigre
tigari
cage
kafezi
zèbre
zebra nakhimaski
alimentation animale
hajvanengo parvaripe
panda
panda

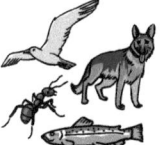

animaux

hajvania

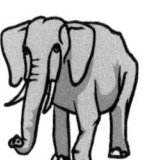

éléphant

elefanti

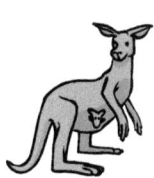

kangourou

kenguri

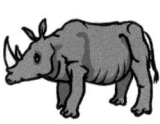

rhinocéros

rino

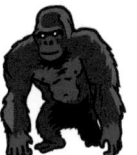

gorille

gorila

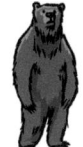

ours

ričini

chameau

kamila

autruche

ostriga

lion

aslani

singe

majmuni

flamand rose

flamingo

perroquet

papagali

ours polaire

polarno ričini

pingouin

pingvini

requin

ajkula

paon

pauno

serpent

sap

crocodile

krokodilo

gardien de zoo

zoo arakhutno

phoque

foka

jaguar

jaguari

poney

poni

léopard

leopardi

hippopotame

hipo

girafe

žirafa

aigle

zorale kandžengi paškin

sanglier

bali

poisson

mačho

tortue

želka

morse

morži

renard

lumri

gazelle

gazela

american Football
Amerikako fudbali

cyclisme
biciklizmo

tennis
tenis

basket-ball
basketboli

natation
nangjovibe

hockey sur glace
hokej ko paho

boxe
boksi

football
fudbali

badminton
badmington

athlétisme
atletika

handball
vasteskoboli

ski
skiibe

polo
polo

rire
asaibe

sauter
hutibe

embrasser
deibe angali

marcher
phiribe

chanter
giljavibe

rêver
dikhibe suno

prier
azirikeribe

faire la bise
čumibe

écrire

hramovibe

dessiner

čitribe

montrer

sikavibe

pousser

cidljaribe

donner

deibe

prendre

leibe

avoir
isibe

faire
keribe

être
te ovel

être debout
tergyovibe

courir
prastaibe

trier
cidibe

jeter
čhudibe

tomber
peribe

être couché
hovavibe

attendre
adžikeribe

porter
phiravibe

être assis
bešibe

s'habiller
urjavibe

dormir
sovibe

se réveiller
džangavibe

regarder

dikhibe ko

pleurer

rovibe

caresser

čalavibe

peigner

uhlavibr

parler

vakeribe

comprendre

haljovibe

demander

puč

écouter

šunibe

boire

piibe

manger

habe

ranger

užaribe

aimer

kamibe

cuire

keribe habe

conduire

paldibe vordon

voler

urjalibe

faire de la voile

vaporea džaibe

calculer

kalkulirin

lire

drabaribe

apprendre

sikljovibe

travailler

butikeribe

se marier

prandibe

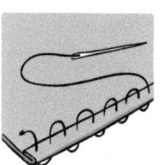

coudre

suvibe

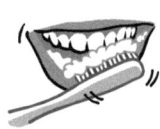

brosser les dents

thovibe danda

tuer

mudaribe

fumer

piibe dahani

envoyer

bičhalibe

grand-mère
mami

grand-père
papu

père
dat

mère
daj

bébé
bebe

fille
čhaj

fils
čhavo

hôte

misafiri

tante

bibi

oncle

kako

frère

phral

sœur

phen

corps
trupo

front
čekat
œil
jakh
épaule
piko
doigt
naj
visage
muj
menton
vilica
main
vast
jambe
pundro
poitrine
čuči
bras
musik

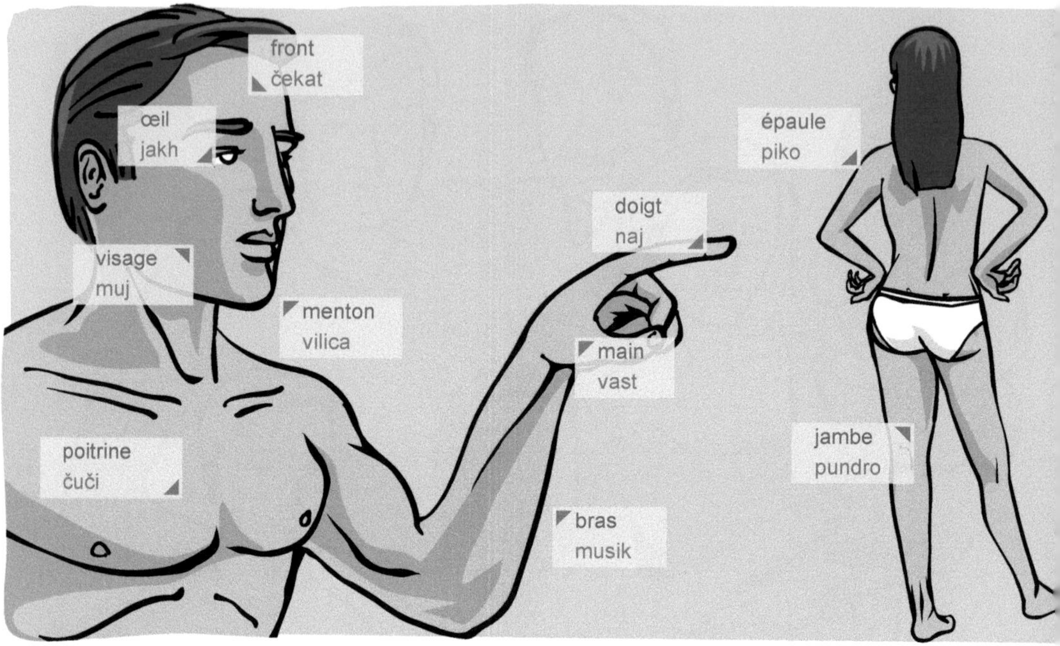

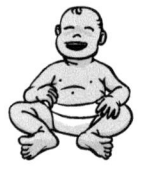

bébé

bebe

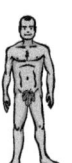

homme

murš

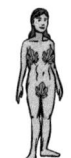

femme

džuvli

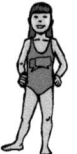

fille

čhaj

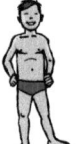

garçon

ćhavo

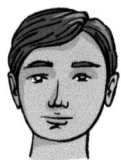

tête

šero

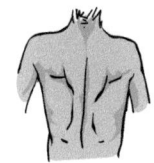

dos

dumo

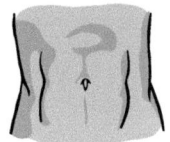

ventre

maškar

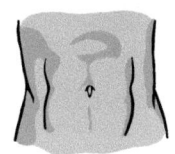

nombril

pupko

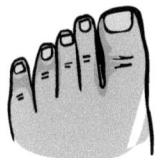

orteil

pundrenge naja

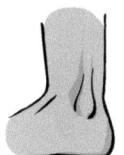

talon

patum

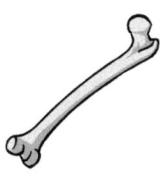

os

kokalo

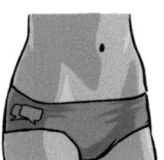

hanche

kuko

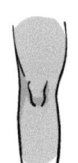

genou

koč

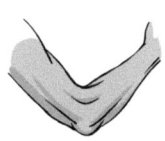

coude

lahci

nez

nakh

fesses

bul

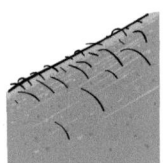

peau

mortik

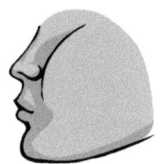

joue

čham

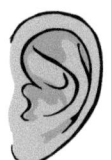

oreille

kan

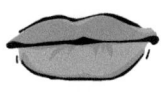

lèvre

voš

corps - trupo

bouche

muj

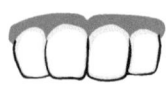

dent

danda

langue

ćhib

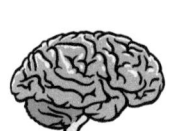

cerveau

godi

cœur

vilo

muscle

muskulo

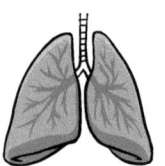

poumons

kolin

foie

buko

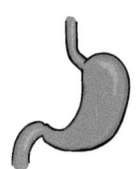

estomac

vogi

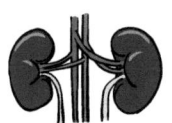

reins

bubrekora

rapport sexuel

seks

préservatif

kondomi

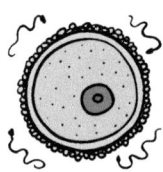

ovule

yarengi kletka

sperme

sperma

grossesse

khamnipe

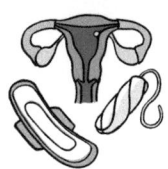

menstruation

menstruaciya

vagin

vagina

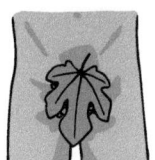

pénis

penis

sourcil

phov

cheveux

bala

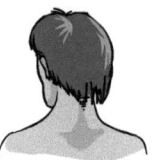

cou

men

hôpital
hospitalo

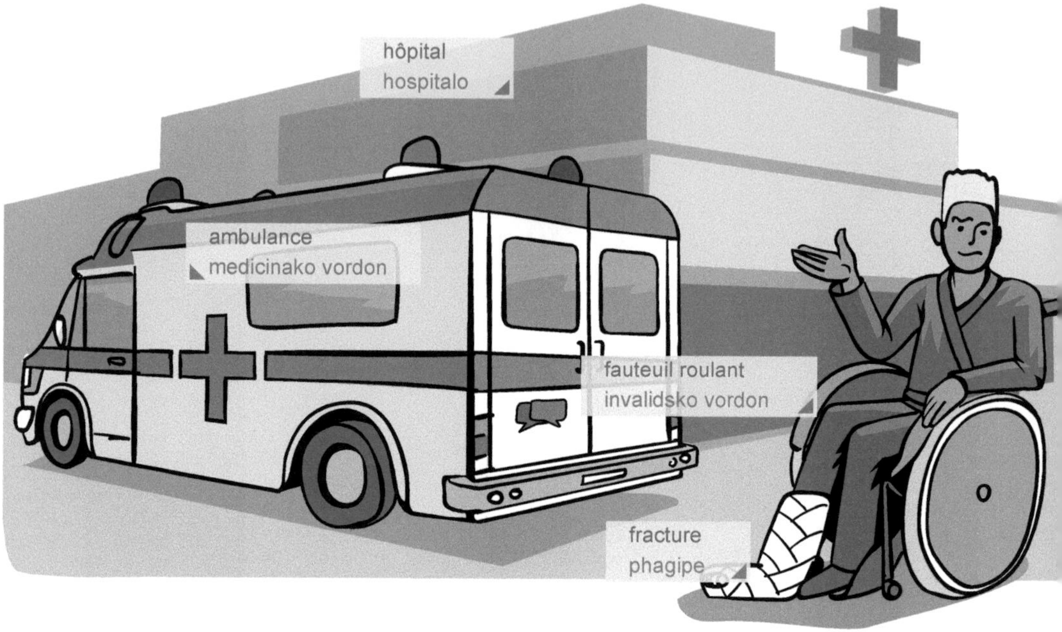

hôpital
hospitalo
ambulance
medicinako vordon
fauteuil roulant
invalidsko vordon
fracture
phagipe

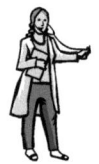

médecin

doktoro

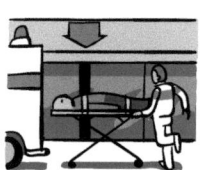

service des urgences

sigyarimaski kamara

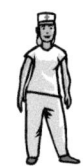

infirmière

medicinaki phen

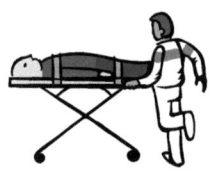

urgence

sigyaripen

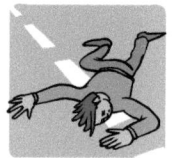

inconscient

ki koma

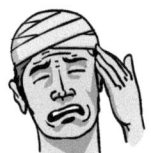

douleur

dukh

blessure
dukhavipen

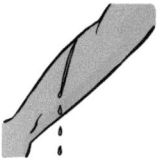

hémorragie
ratvaripe

crise cardiaque
infrakto

attaque cérébrale
šlog

allergie
alergiya

toux
khuinibe

fièvre
tinanipe

grippe
gripa

diarrhée
diyarea

mal de tête
šereski dukh

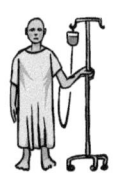

cancer
kanceri

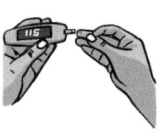

diabète
diyabetes

chirurgien
operaciya

scalpel
skalperi

opération
operaciya

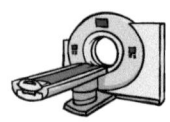

CT

CT

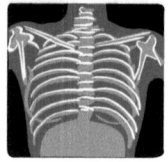

radiographie

rentgen

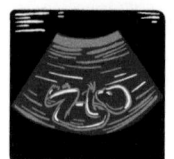

échographie

ultra avazo

masque

mujeski maska

maladie

nasvalipe

salle d'attente

adžukyarimasko than

béquille

paterica

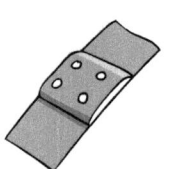

pansement

flastero

pansement

phandimaski gaza

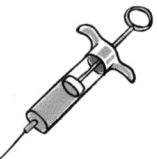

injection

inyekciya

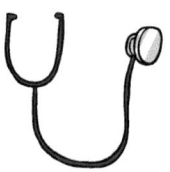

stéthoscope

stetoskopo

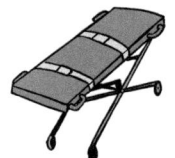

brancard

tregero

thermomètre

klinicko termometro

accouchement

biyanipe

surcharge pondérale

baro thulipe

appareil auditif

ašunimasko aparato

désinfectant

dezinfekciako

infection

infekciya

virus

viruso

VIH / sida

HIV / SIDA

médicament

medicina

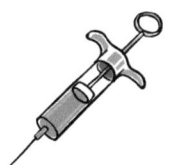

vaccination

vakcinaciya

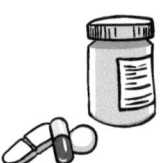

comprimés

tabletura

pilule

hapi

appel d'urgence

sigyarimasko akharipe

tensiomètre

monitori vaš učo pretisak

malade / sain

nasvalo / sasto

Au secours !

Mažutisar!

alarme

alarmo

assaut

atako

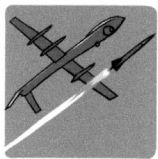

attaque

atako

danger

dar buti

sortie de secours

sigyarimasko iklyovipen

Au feu!

Bari jag!

extincteur

mamuj jagako aparati

accident

bibax

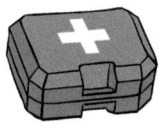

trousse de premier secours

butya avgo ažutimaske

SOS

SOS

police

Policia

Europe

Evropa

Amérique du Nord

Utarali Amerika

Amérique du Sud

Purabali Amerika

Afrique

Afrika

Asie

Azija

Australie

Australia

Océan atlantique

Atlantiko

Océan pacifique

Pacifiko

Océan indien

Indiako Okeano

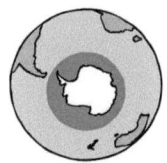

Océan antarctique

Antarktikosko Okeano

Océan arctique

Arktikosko Okeano

pôle nord

Utaralo poli

pôle sud

Purabalo poli

Antarctique

Antarktiko

terre

phuv

pays

phuv

mer

samudra

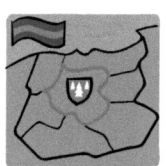

île

džaziri

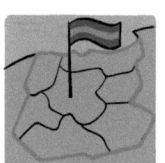

nation

nacija

état

raštra

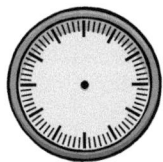

cadran

saatosko gendo

aiguille des heures

saatoski sikavni

aiguille des minutes

dakikongi sikavni

aiguille des secondes

ekundarno saatoski sikavin

Quelle heure est-il ?

Kozom si o saato?

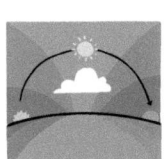

jour

dive

temps

vrama

maintenant

akana

montre digitale

digitalno saato

minute

dakika

heure

časo

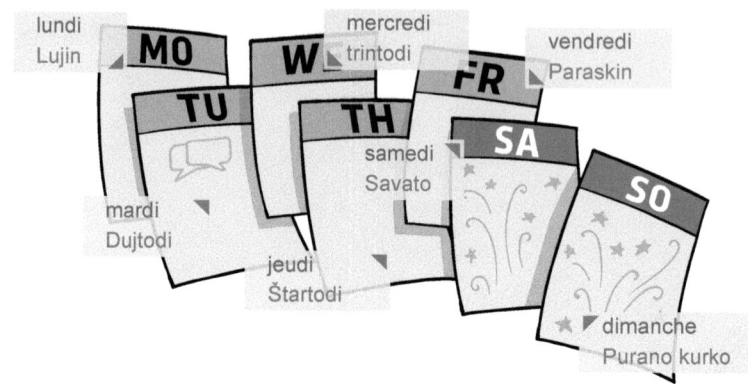

lundi
Lujin

mercredi
trintodi

vendredi
Paraskin

mardi
Dujtodi

samedi
Savato

jeudi
Štartodi

dimanche
Purano kurko

hier
erati

aujourd'hui
avdive

demain
tajsa

matin
javin

midi
ekvaš dive

soir
blevel

MO	TU	WE	TH	FR	SA	SU
1	2	3	4	5	6	7
8	9	10	11	12	13	14
15	16	17	18	19	20	21
22	23	24	25	26	27	28
29	30	31	1	2	3	4

jours ouvrables
butyarne divesa

MO	TU	WE	TH	FR	SA	SU
1	2	3	4	5	6	7
8	9	10	11	12	13	14
15	16	17	18	19	20	21
22	23	24	25	26	27	28
29	30	31	1	2	3	4

week-end
vikend

année
berš

pluie
biršim
arc-en-ciel
renkali badalin
vent
bavlal
neige
iv
printemps
anglonilaj
été
nilaj
automne
palonilaj
hiver
ivend

4.APRIL 11°
5.APRIL 4°
6.APRIL 13°
7.APRIL 8°
8.APRIL 10°

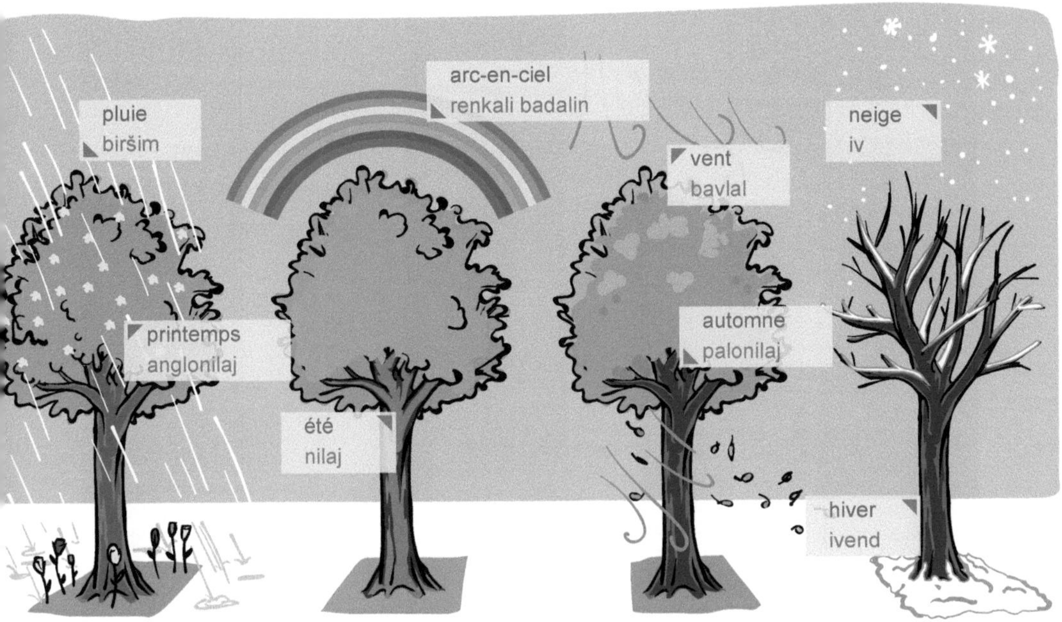

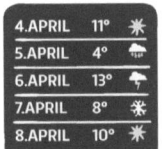

météo

vramakoro vakeribe

F C

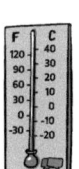

thermomètre

termometro

lumière du soleil

khamalo

nuage

badal

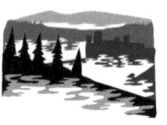

brouillard

muhi

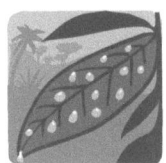

humidité

nemlime hava

foudre

šemšekoja

tonnerre

šemšekosko čalavibe

tempête

bura

grêle

kijameti

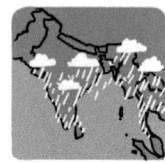

mousson

monsuni

inondation

baro pani

glace

paho

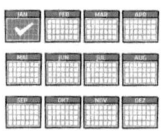

janvier

Januaro

février

Februaro

mars

Marto

avril

Aprilo

mai

Majo

juin

Juno

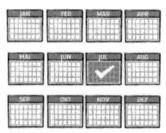

juillet

Julo

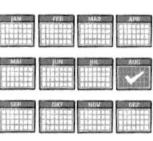

août

Augusto

année - berš

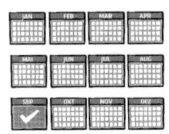

septembre
....
Septembro

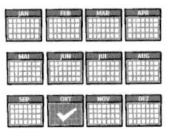

octobre
....
Oktombro

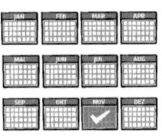

novembre
....
Novembro

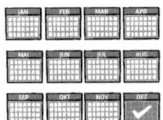

décembre
....
Dekembro

formes

forme

cercle
....
rota

carré
....
kvadrati

rectangle
....
rektanglo

triangle
....
trianglo

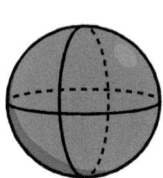

sphère
....
sfera

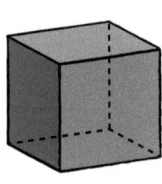

cube
....
kocka

blanc

parni

jaune

galbeno

orange

pomarandža

rose

roze

rouge

loli

violet

lila

bleu

vunato

vert

harjali

marron

kafeno

gris

kuršumlija

noir

kali

beaucoup / peu

but / hari

fâché / calme

holjame / mudro

joli / laid

šuži / bišuži

début / fin

starto / agor

grand / petit

baro / tikno

clair / obscure

puterde bojako / phanle bojako

frère / soeur

phral / phen

propre / sale

užo / melalo

complet / incomplet

sahno / bisahno

jour / nuit

dive / rat

mort / vivant

mulo / dživdo

large / étroit

buvlo / tank

comestible / incomestible

hala pe / na hala pe

méchant / gentil

džungalo / šukar

excité / ennuyé

bare vogjea / bi vogjea

gros / mince

thulo / kišlo

premier / dernier

avgo / paluno

ami / ennemi

amal / dušmani

plein / vide

pherdo / čučo

dur / souple

zoralo / kovlo

lourd / léger

pharo / lokho

faim / soif

bokh / truš

malade / sain

nasvalo / sasto

illégal / légal

ilegalno / legalno

intelligent / stupide

godyaver / bigodyako

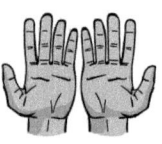

gauche / droite

bajan / dahin

proche / loin

paše / dur

oppositions - mamujipena

nouveau / usé

nevo / purano

rien / quelque chose

khanči / vareso

vieux / jeune

phuro / terno

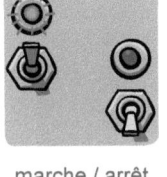

marche / arrêt

phabardo / ačhavdo

ouvert / fermé

puterdo / phanlo

faible / fort

mudro / bare avazeskoro

riche / pauvre

barvalo / čorolo

correct / incorrect

čačutno / došalo

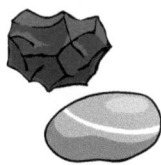

rugueux / lisse

zoralo / kovlo

triste / heureux

mazuni / lošalo

court / long

skurto / lungo

lent / rapide

pohari / sigate

mouillé / sec

sapano / šuko

chaud / froid

tato / šudro

guerre / paix

mareba / sansari

0	**1**	**2**
zéro	un / une	deux
zero	jek	duj
3	**4**	**5**
trois	quatre	cinq
trin	štar	panč
6	**7**	**8**
six	sept	huit
šov	efta	ohto
9	**10**	**11**
neuf	dix	onze
enja	deš	dešujek

12
douze

dešuduj

13
treize

dešutrin

14
quatorze

dešuštar

15
quinze

dešupanč

16
seize

dešušov

17
dix-sept

dešefta

18
dix-huit

dešohto

19
dix-neuf

dešenja

20
vingt

biš

100
cent

šel

1.000
mille

milja

1.000.000
million

milioni

anglais

Anglicko

anglais américain

Americko Anglicko

chinois mandarin

Kinesko Mandarinsko

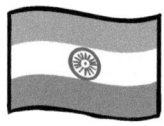

hindi

Indisko

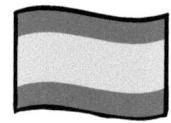

espagnol

Špansko

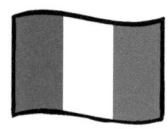

français

Francusko

arabe

Arapsko

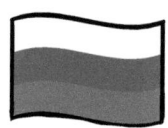

russe

Rusko

portugais

Portugalsko

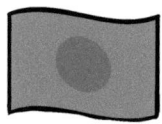

bengali

Bengalsko

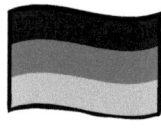

allemand

Nemicko

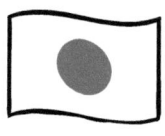

japonais

Japansko

je

thaj

tu

tu

il / elle / ce, c', cela

ov / oj

nous

amen

vous

tumen

ils / elles

ola

Qui ?

ko?

Quoi ?

so?

Comment ?

sar?

Où ?

kote?

Quand ?

kana?

nom

anav

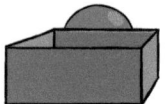

derrière

palal

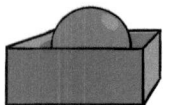

dans

andre

devant

anglal o

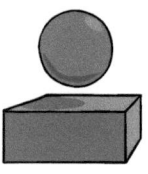

au-dessus

upral

sur

an

en-dessous

telal

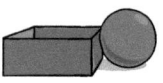

à côté de

trujal

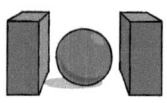

entre

maškaral

lieu

than